JN410689

푸른 화형식

시산맥 서정시선 033

푸른 화형식

시산맥 서정시선 033

초판 1쇄 발행 | 2017년 7월 14일

지 은 이 | 임주희
펴 낸 이 | 문정영
펴 낸 곳 | 시산맥사
편집주간 | 김광기
편집위원 | 안차애 이성렬 전해수 정재분
등록번호 | 제300-2013-12호
등록일자 | 2009년 4월 15일
주　　소 | 03131 서울특별시 종로구 율곡로 6길 36,
월드오피스텔 1102호
전　　화 | 02-764-8722, 010-8894-8722
전자우편 | poemmtss@hanmail.net
시산맥카페 | http://cafe.daum.net/poemmtss

ISBN 978-89-98133-88-7 03810

값 9,000원

* 이 책은 부천시 문화예술발전기금의 일부 지원을 받아 제작되었습니다.

* 이 도서의 국립중앙도서관 출판시도서목록(CIP)은 서지정보유통지원시스템 홈페이지(http://seoji.nl.go.kr)와 국가자료공동목록시스템(http://www.nl.go.kr/kolisnet)에서 이용하실 수 있습니다.

푸른 화형식

임주희 시집

* 본문 페이지에서 한 연이 첫 번째 행에서 시작될 시에는 〈 표기를 한다.

■ 시인의 말

잃어버린 계절이
바람에 시어를 새겨
시간 안으로 스며들었다

행
간
으로 흩어지는 그리움

2017년 여름 임주희

■ 차 례

1부 기억을 놓친 시간

2부 용궁 다방

3부 앉은뱅이꽃

1부

기억을 놓친 시간

낙타 유랑

– 푸쉬가르 사막에서–

한껏 무거워진 걸음을 위로해 줄 그 무엇도 없는 곳

이카루스의 날개가 부서지며 붉게 물드는 능선 바람도 없다
어디서부터 왔는지 알 수 없는 욕망의 찌꺼기들 덤불인 듯 뒹굴고
낙타의 등 위에서 흔들리는 일탈은 독을 숨긴 뱀의 혀처럼 부드럽다
모닥불 주위를 맴도는 유혹의 정령
바람이 숨을 죽이고 달도 구름 뒤로 꼬리를 감추는 순간
인디언의 노래가 어둠을 찢어낸다

일상의 손을 놓은 시간은 담백하지 않다
서걱거리는 모래를 털며 별똥별 흐르는 하늘을 마주한다
그저
사막이라 불리는 모래밭 위에서,

하와마할Hawa Mahal

-외부에서 창문을 통해 들어가는 작은 바람이 내부로 들어가 모인다. 실내를 시원하게 해주는 격자형 창문이 벌집처럼 많아 "바람의 궁전"이라고 불리는 하와마할, 왕실여인들이 외부인의 눈에 뜨이지 않으면서 바깥의 일상들을 엿볼 수 있는 유일한……

색 바랜 성벽
격자무늬 문에 박힌 눈동자들
바람 따라 흔들린다

왕가 여인의 전신을 두른 사리 속에 숨겨진
금지된 것들에 대한 동경
문틈 사이로 들어오는 작은 바람 치맛자락 휘감고
낡은 도시 안으로 사라져버린 웃음소리
시간을 꾹꾹 누르고 선 릭샤왈라
시커먼 발가락 사이에 달라붙은 고단한 일상

떠나온 자들이 두고 온 것들에 대한
버리고
비워야 할
갇혀진 세월을 잠들게 한 붉은 벽

여행자의 발끝에 매달린 채 안간힘을 쓰는 전쟁 같은 평화는
지친 걸음마저 오롯이 사치로 만든다
짙푸른 일상, 훅- 몰아쉬는 숨

〈

기억을 뒤로한 채 바람과 소음을 흡입하며 서 있는
외벽 낯선 바람 한 점
어느새
동공을 흔드는 색깔을 입었다

푸른 화형식

– 바라나시 갠지스강에서

기억을 놓친 시간은
늘
모호하다

검은 밤을 붉게 물들이고 태양빛으로 색을 바꾸는 강가
욕망과 타락의 지옥 끝에 던져진 병든 영혼의 몸뚱아리 구정물에 헹구어내고 구원이라 믿으며 또 다시 수행자의 가면을 쓴 채 맨발로 걷는다
더럽고 비좁은 골목길
비쩍 말라비틀어진 굽은 등을 가진 개들과 사람보다 위의 계급을 갖고 커다란 눈을 희번덕거리며 어슬렁거리는 소 떼 어린아이를 안은 채 당연하게 구걸하는 여인, 혼탁한 새벽을 두르고 앉아 꽃을 파는 노인, 람람샤드 야헤* 외치며 화장터로 오르는 상주들
낡은 오토릭샤가 눌러대는 경적소리에 흔들리는 바라나시
신,
사람,
동물이 강으로 통하는 골목 안에 공존하며
부산스러운 소음으로 채워지는 시,간,들

〈

아비규환 속에서 이루어지는 무언의 질서
목구멍 가득 흙먼지를 채우고 선 걸음은 갈 곳을 잃었다

지옥이며 천국인 땅

레테의 연가를 집어삼킨 갠지스강 마니까르니까 가트**
밤새 뼈를 태우고도 꺼지지 못한
장작더미 위에 던져진 젊은 여자의 녹아 흩어지는 검은 머리카락 위에 핀
붉은 꽃

꽃이다

*라마신은 알고 계신다.
**가트 : 강가와 맞닿아 있는 계단이나 비탈면.

몽환의 기억을 빚다

–푸쉬카르 사막을 지나온 델리에서

미처 지우지 못한
한낮의 열기를 지워내려는 듯
세월을 덧입은 프로펠러 천정에 매달린 채 몸부림을 하는 밤
주홍글씨로 새겨지는 기억 하나
날개 비비는 소리를 내며 달려든다

낯설지 않은 또 다른 낯섬

허연 날개가 회전하는 숫자는
사라져버린 에덴동산의 형체로 변형되어 천정에 실낙원을 그리고
방 안은 더 이상 정해진 공간이 아니다
어둠 속에 꽃이 핀다
소리 죽은 울음은 노래가 된다
나지막한 언덕을 오르는 가쁜 숨
정점
여전히 푸드덕거리는 시,간 사이로
말라비틀어지는 꽃잎들이 모래알로 흩어지고
이내 사라지는 에덴 위로 펼쳐지는 사막
바람이 방향을 바꾸고 꽃잎은 더 이상 날지 않는다

잦아드는 밤을 깔고 누운 자리
골목을 누비는 오토릭샤의 낡은 경적소리에 눈을 뜬다

낯선 밤
낯선 길 위에서 몽환의 기억을 빚다

흙비

– 1500년 동안이나 잠잠했던 베수비오화산이 마그마를 쏟아내던 날 현재라는 시간이 사라졌다.
'소멸' 그 뒤 화산재 속에 잠들었던 인간화석 연인, 아기에게 젖을 물린 엄마, 금화를 움켜쥔 귀족, 화석으로 남은 또 다른 사람들의 세상은 영원으로 남았을까.
폼페이의 최후가 된 그날도 같은 일상이었다.

어두운 지하 술집 낡은 영화 포스터
탁~탁 가끔은 튀어 오르는
유행 지난 전축에서 흘러나오는 둔탁한 악기소리
목구멍을 넘기는 레몬와인 한 잔
폼페이의 시간처럼 잿가루로 덮여가는 울대
술잔 따라 고개가 기울어지고
진홍의 빗방울에 취기가 매달리면
바람이 훔쳐 달아난 일상
애써 지운 안부들이 뼈 속으로 스며든다
완전하게 사라져 박제된 시간
마디마디 화석의 상형문자로 새겨지는 너는
갇힌 세상에서 불의 눈물로 심장을 달래며
빗물로 지운 자리에 하루를 채워넣는다
머리 위
탁한 소음을 삼킨 붉은 등이
운율이 맞지 않는 노래처럼 흔들린다

바람이 울고 있다

마른 꽃

검붉게 변하는 잎 테두리와 물기가 말라가는 가지
꽃잎에 문신처럼 새긴 수많은 이야기들
아직 다 마르지 않은 채 낡은 등처럼 매달려 있다
불길 속으로 달려드는 불나방을 기다리는 것처럼
등잔 불꽃이 그을음을 남기며 가물가물 타고
너는 사랑이요 내 젊은 날의 초상화요
다시 한 번 찾고 싶은 기다림이요 詩다
때가 되면 꽃잎은 벽에서 말라가며 누런 벽지와 한 몸이 되겠지
그리고 조금씩 조금씩 알츠하이머를 앓게 되겠지
메말라가는 꽃잎만큼이나 여자는 마른 잎이 되어 간다
비명도 없이 재가 되어가는 저 불나방처럼

묵호도 항구다

선창머리에 바람이 감기고
늙은 어부의 어깨에
포슬눈 골목마다 내려앉는 새벽에

칼바람 옷섶 가르는 유월의 꽃밭처럼 현란했던 바다가 꽃잠 재우고 고샅길 바닥에 흩어졌던 꽃잎들 아낙의 투박한 손길에 하얀 배 드러내면 비로소 파도소리 이고 누운 고단한 꿈길을 지나 가난하고 어둡고 춥고 스산한 촌부의 웅어리진 발걸음 그림자처럼 밟아가다가, 슬며시 갯바람에 진혼곡 들으면서 엄청난 기우일지 모를 간추리지 못한 우리 원색적 예감이여 뒤돌아서서 짓는 한숨이 모두 응달이 되어 외롭고 허전한 휴식이 되어 설마하니 까닭도 실속도 없이 가는 숨 멈추게 할까

가끔 미사곡을 끌어안은 채 잠들고, 가끔 녹물 묻어나는 문패마저 잊어버린 채 관계의 끈을 놓아버린 수많은 사람들의 모래시계를 거꾸로 놓아본다 살다 살다가 남겨지게 될 시간의 여백을 들춰본다 헛헛한 음계를 오르내리며 하나의 생은 제자리를 떠나고 남겨진 자의 생활은 바람 끝 괴로움의 저편에서 시작되어도 감정의 편린들 모두 사랑하리라 가뭇없이 사라져가는 포구처럼 누군가의 기억 밖에서 떠돌던 바람소리 다시 외진 어느

곳으로 흘러가고 뒤돌아서서 짓는 한숨 그 스산함엔 주석이 필요치 않다

붉고 푸른 슬레이트지붕 위로 내려앉는 포슬눈
담벼락에 매화꽃 흐드러지게 피는 봄

길 위에서 시를 만나다

길을 나서면 모두 시인이다
거리의 풍경들이 그림이 되고 노래가 된다

녹슨 간판도 아름답다
자음 하나 떨어져 나간 자리의 정겨움

어느 것 하나 아름답지 않을 수 있을까?
나에게 거리는 꽃이고 꿈이다

구두에 내려앉은 흙먼지조차
하늘로 가볍게 날아오른다

길에서는 모든 것이 아름답다
낡은 전선을 흔드는 바람 소리마저도 시가 된다

길 위에 시가 있다

고향
–경북 봉화읍 남회룡에서

저녁 마실 나갔던 노인 외양간에서 잠이 들었다

오래전 집을 떠난 지아비 가슴에 품고 혼자 잠든 며느리
시어머니의 문 두드리는 소리를 바람 소리로 여겼나보다

외롭던 하루에 깊이 잠든 며느리 혹시 깨울까
문고리 한 번 더 흔들지 못하고 짚더미 이불 삼아
긴 겨울밤 외양간에서 잠들었을 노인은 얼마나 추웠을까

마지막 떠나는 길을 위해 마당 모닥불 가로 몰려든
몇몇 동네 사람들이 며느리의 울음소리에 파묻힌다

빈 도로를 지키고 서 있는 전신주에 바람 나부끼는 소리
멀리서 만장 휘날리는 소리가 귓가에 들려온다

눈의 무게를 견디던 솔가지 하나가 힘없이 뚝 부러진다

고양이 일기

골목을 배회하는 허기진 고양이
쓰레기통을 뒤지는 발끝에 걸려드는
깨어진 시간들

알맹이를 쏟아낸 빈 깡통들
제 몫을 다하지 못하고 멀쩡한 모습으로 버려지는 폐지들
악취를 담아내고 있는 봉지마다
세상 이야기를 움켜쥔 채 지쳐간다

담벼락에 기대고 선 채 꽃잎을 잃어버린 라일락 나무
달빛 덮고 서서
사라진 향기를 기억해보려 온몸 비틀어 본다

별빛 바람이 이는 것은
너에게로 가고픈 내 울음인가 보다
어두운 길 끝에서 만나게 될 푸른 시간 속에 숨어 있는
緣의 일기다

배회하던 고양이
길게 하품하며 어둠 속으로 사라지고
졸고 있는 외등 아래

바람만 채워진 골목 안

다시,

緣

계절을 이해하는 방법

자정,
욕실바닥을 수세미로 문지른다

하수구에 걸린 머리카락들처럼 엉겨 붙은
타일 벽면에 얼룩으로 달라붙은
세탁기 뒤로 먼지처럼 숨어든 거무추레한 아포리아

퍼런 힘줄이 돋도록 문질러대는 손아귀
굳은살 배기 듯 붙어 있던 물때들
철수세미에 매달린 채 안간힘을 쓴다
샤워기를 통해 쏟아지는 물줄기에
헤실헤실 초점 없는 웃음이 휩쓸려 내려간다
흐릿한 백열등에 흔들리는 어깨시나위

때
늦은
바람이
또 하나의 계절로 서 있다

겨울

도둑눈 옥상에 내려앉는다
눈발에 겹쳐 문장들이 지나가고,

겨울, 이팝나무 꽃잎처럼 날다

바람이 몰려나간 자리에 떨어지는 꽃잎들, 머문 발길 아래 비명으로
호흡을 멈추다

오랫동안 거미줄처럼 허공에 매달린 도시의 허름한 일상들, 땅 끝으로
토해내는 시간이 무겁다
헐혈한 한숨들이 뒹구는 거리
낡은 구두 끝에서 잠시 피던 이팝나무 꽃잎은 눈물이었다

계절은 무심한 듯 늘 제자리였고 다시 돌아오지 않을 듯싶었다
차가운 바람에게 등 떠밀려 거리의 한복판에 서 있어도 회갈색가지 사이를
비집고 들어오는 햇살을 기억하고 있다
발등에 내려앉은 바람의 무게를 털어내 주지 못하는 꽃잎은
데이도록 뜨거워 진 채 심장을 파고들고

잠시, 멈추어 섰던 낡은 구두의 코끝이 흔들린다
뽀드득~ 꽃잎의 비명은 여전하지만

발길은 그저 무던한 일상으로 황급히 돌아가고 싶을 뿐

호흡을 멈춘 꽃잎들이 까맣게 사그라지는 거리
전선줄 사이 별집에 붉은 별들이 찾아든다 헐렁한 하루의 무게를
되주워 담아놓는 것이다

콘크리트 옷을 입고 계절이 다시 돌아오리라는 것을 기억하며 서 있는
이팝나무들, 차가운 가지마다에 짧은 봄들을 새겨 놓았다
낡은 구두에 매달린 꽃잎들도 더 이상 무겁지 않았다

바람, 그리고

선유도

조그만 하늘다리
폴짝폴짝 뛰어 건너면
다리 아래 어눌한 강태공
무료한 오후를 낚아 올리고

둔탁한 바람에
살짝 몸 비틀어 유혹하는 나뭇잎
온몸으로 구애하며 날아드는
나비 한 마리

나무그늘 아래 누워
실눈 뜨고 올려다본
하늘 끝

빼꾸기의 연가와 만나는
신록과 햇살의
낙원 선유도

하루 반나절
그곳에서
너
나

주름진 나이 잠시 햇살 뒤에 감춰두고
아이처럼 머문다

부활의 동산에 서서

봉분은 흙더미에 지나지 않는다.
먼저 떠난 이들에 대한
남겨진 자들이 위로받기 위한 상징일 뿐이다
금잔디를 입히고 대리석으로 치장한다 해도
기억을 다 씻어낼 수 있을까
흙 속에 누운 어머니

부활 동산에 우두커니 서서
청솔가지를 적시는 안개비에 마음까지 젖어들면
어머니의 모습이 또 다시 떠오른다
늘 겉돌기만 하던 나
이제야 가슴이 철렁 내려앉는다

새가 되고 싶어 하셨던가
바람이 치맛자락을 흔들고 지나가는 날이면
거친 숨에 녹아 있던 넋두리

푸드득 이름 모를 새 한 마리 하늘로 날아오르고
돌아서는 무거운 발걸음에 안개비 매달리고
나지막이 불러보는
어머니,

바람에 눕다

-한강 둔치에서-

태양을 집어삼킨 한낮
그 뜨거움 아래 뒹구는 도시
용광로에 던져진 쇳덩이처럼
살아내기 위해 치열했던 전투를 접고
헉헉거리며 달려들던 하루를 뿌리치며
골목마다 토해내는 후끈함을 피해
한강 언저리로 피난보따리를 싸다
인공의 별 흩어지는 뚝섬 그곳에서
서늘한 강바람과 만나는
삼삼오오의 행복한 피난민들
어느새 너, 나 없이
잔디밭 귀퉁이에 펼쳐놓은 한 자락에
내일의 또 다른 전쟁을 위한

숨죽인 여유
자판기 커피 한 잔에 미소를 흘리며
한여름 밤은 그렇게 깊숙이 내려앉고
달무리 이불 삼아
하늘 베고
바람에 눕다

그리다가

사진의 기억은 평면이지만
기억의 시간은 늘 입체적이다

시간의 텔레그래픽

2부

용궁 다방

선창

감청색 비린내 진득이는 선창
질펀한 바닥에 꽃자리 깔고 앉은 바다가 발버둥을 한다

이내
잘려나가는 갯내 나는 이력들
속살 드러낸 채 몸값 만원을 붙이고 돌아누웠다
갈라진 표면으로
진물처럼 짠 내력이 흘러내린다

어디부터 쫓아왔는가
바다 살 한 점 얻기 위해 맴도는 갈매기
흥정하는 사람들의 거친 목소리와 뒤엉켜,
난전이다

허름한 그물을 털어낸 바람이 숨을 고르고
제 몸 감싸줄 수초조차 없는 콘크리트바닥에서
바다는 배를 열고 누워 하늘을 담았다

유리벽 뒤의 여자

유리벽 안에서 웃는 여자들이
남자들 앞에서
도로변 가로수가 되었다가
노랗게 물드는 단풍이 되었다가
땅바닥에 뒹구는 낙엽으로 떠돌다가
새벽녘 청소부의 쓰레받기 속을 뒹구는
두려움이 됩니다

벌집에 꽃불을 켠 여자들이
등 돌린 남자들 앞에서
밤나무 숲의 여왕벌이 되었다가
수많은 날 양봉통의 꿀들이 되었다가
주정뱅이 속 달래주는 설탕물이 되었다가
더는 갈 수도 없는 백령도
백령도로 들어가는 뱃길 돌아보며
물속에 봉분을 세우는 날을 생각했습니다.

백령도 부둣가에 앉아 막걸리 기울이는 여자들이
뭍에서 버려진 폐유로 철썩이다가
뭍에서 떠내려 온 쓰레기로 떠밀려 다니다가
그러나, 그러나
세상의 더러움 다 씻어내고

물보라 소용돌이치며 달려드는 곳에서
청록의 바다 끌어올리는 부두에서
잠들 수 없는 심장의 울림을 들었습니다

용궁 다방

계단을 오르는 당신의 발끝에
털어내지 못한 단상들이 먼지로 매달린다
삐걱
예상한 만큼이나 초라한 문이 열리고
나이를 가늠할 수 없는 여자가
칸막이 뒤 낯선 남자의 품에서 일어선다
눅눅한 곰팡이가 이끼처럼 눌어붙은 후덥지근한 회색의 바다
늘어진 카세트테이프에서 쏟아지는 유행가가 멈추면
또 다시 돌아서야 할 시간 얼마를 남겨두고
아귀가 맞지 않는 창문틀에 자꾸 손이 가는 당신

온전한 인간이 되고 싶었던 소망이
차갑게 공기방울이 되어 사라져버린,
인어공주의 칼날에 베인 심장에서

동백꽃 선혈 뚝뚝 땅에 떨어진다
수없이 반복하고 수없이 안타까워했던
젊은 날의 초상
시계태엽이 잠시 걸음을 멈춘 이곳
존재하지만 가질 수 없고
부재중이라는 푯말 하나로 인정할 수 없는

낡은 문을 열고나서면
다시 기억 속으로 사라져버릴
그대와 나의 젊음
벽에서 선풍기가 덜덜거리고 돌아간다

바다이야기

지면이 더 가까운 곳에서
무한리필이라는 무기를 장착하고 빛나는 쭈꾸미별
빛바랜 추억을 끄집어내는 '써니라이브'
바다를 한 다라 담아준다는 횟집별
이런저런 이름표를 달고 빛나는 별들 사이에서
육감적 냉소를 흘리는 '붉은모텔' 별
허공을 향해 잡아당기는 레바
우수수 흩어지는

별

민들레

젖은 바람이 비린내를 풍기며 철로 위에 스며들었다 막걸리 몇 잔으로 목을 축인 비풍초 낙장들이 철로 옆에 질펀하게 자리를 잡은 채 흔들리고, 벗겨내지 못한 어둠 사이로 추레한 일상들이 뒹군다

공원 시계탑 앞
사진사의 카메라는 월세 수도세 전기세 따위의 영수증을 주렁주렁 붙인 채 그늘 아래 졸고 있고 낡은 다라 안에는 취기 오른 해일과 씨름한 여자의 지친 바다가 숨죽이고 있다 등짝에 매달린 아이의 칭얼거림, 소라 몇 개 조개 몇 개에 매달린 매 끼니의 한숨들은 한 번씩 달려드는 호루라기 소리에 기겁하여 황급히 시계탑 뒤 그늘 속으로 숨어들고 딴청 부린 햇살은 바늘이 되어 온몸의 핏줄을 뚫고 달려든다 카메라 셔터는 여전히 취해 있다 술에 취한 꽃잎들은 찝찌름한 바람을 온몸에 묻힌 채 좁은 다라 안으로 떨어진다

갇힌 바다를 머리에 이고 철로 위에 우두커니 선 그녀는 아직 도착하지 않은 기차를 기다린다 멀미처럼 다가서는 푸른 안개 사이로 흑백사진이 되어 흔들리는 풍경, 아이는 등에서 다시 칭얼거린다 차마, 아이와 열차에 오를 수 없는 여자는 철로에서 비껴선다

헐거워진 침목 틈새로 민들레가 고개를 내밀고 있다

꽃을 기다리다

1.
꽃이 핀다 므네모시네
낯선 메일 한 통에 오래전 잊었던 이름 하나 므네모시네
카페 한 귀퉁이에 쓰고 지웠던 얼굴 므네모시네
낡은 의자에 등 기대어 듣는 샹송의 선율 므네모시네
카프치노 향기에 매달리는 레테의 숨소리 므네모시네
지난날들이 스멀스멀 기어 나오는 므네모시네
김이 모락모락 피어오르는 커피포트 므네모시네
찻잔에 카페마키아토의 꽃이 핀다 므네모시네
내 가슴에도 꽃이 피어날까 므네모시네
어느새 찻잔은 싸늘하게 식어있다 므네모시네
그대 겨울이 매달린 가지 끝에 꽃이 핀다 므네모시네
혼자만의 기억일까 므네모시네
눈을 감는다 므네모시네

2.
나른한 오후
꽃이 피기를 기다리는 동안
므네모시네의 강 언저리에 머물며
찻잔을 만지작거린다
카프치노 향기가 코끝을 스친다
정지된 LP판에 다시 바늘을 얹는다

오래전 끝내지 못한 사랑을 위해

므네모시네*

*므네모시네 : 그리스 신화에서 '기억'이라는 추상적 개념으로 의인화 된 신, 므네모시네 강물은 마시면 기억이 되돌아온다고 한다.

꽃상여

청솔가지 사이로 파고드는 바람

소달구지에 실던 몸, 무게조차 잃어버린 채
바스락거리는 검불이 되어 꽃상여에 누인다

빛바랜 단청에 허름했던 일상들
지붕에 핀 종이연꽃 한 송이에 구슬픈 꽃물이 든다

삼베 적삼 한 벌 얻어 입고 떠나는 길
짚신 사이로 찬바람이 파고들고

미처 다 내려놓지 못한 정
상여 위 꽃으로 피려나보다

눈보라가 앞길을 막아선다

해가 지는 산길에 어미 잃은 청설모 한 마리
길섶을 서성인다

꽃, 바람을 품다

바람 날린다 잊고 있었던 감정의 편린들이 문턱을 넘어 꽃집 안으로 들어왔다 중년의 오후에, 설레다 형형색색의 향기가 살갗으로 스며들어 아득하게 멀어진 기억의 부재를 깨워놓는다 피안은 더 깊숙한 곳에 잠든 미소를 끄집어내 회색빛 벽면에 나를 세워두고 꽃이 되어간다 배회하던 고양이 혀끝이 푸석거리는 거리의 우울을 핥아내고 유리문 밖으로 지나가는 눈발 사람들의 발등 위에도 흰꽃 핀다 선반 안쪽에 숨어 있던 시클라멘이 수줍은 듯 속삭인다 너도 이 겨울을 버티고 있구나, 한낮의 무료함이 제 철을 놓친 히비스커스의 꽃잎에 내려앉는다 분갈이를 기다리는 화분들 위로 다시 눈꽃이 떨어진다 문이 열리고 사내가 들어서며 꽃바구니를 주문한다 어깨 위로 바람이 감긴다

글록시니아의 화관이 종소리를 낸다

나도, 꽃

꽃등

뒤꼍 후미진 빨랫줄
해 넘어가는 자리에
코티분내 나는 꽃등이 매달린다

시장 구루마에 꽃물 떨어뜨리고
하늘로 날아오르던 꽃잎
연분홍 살 냄새 수줍어
장롱서랍 깊은 곳으로 꼭꼭 숨었다

얇아진 면 위에 피어 있는 꽃잎들이
어룽어룽 흔들리면
쪽이 나간 거울에 얼굴 들이밀며
연지 바르던 늙은 각시
바람의 눈에 들키기라도 할까
조바심에 코티분 꾹꾹 눌러
세월을 가린다

노을빛 등지고 선 빨랫줄에
하나씩 꽃등 매달리면
쪼글쪼글한 꽃등에서
여자, 똑똑 떨어진다

〈

늙은 어머니의 엉덩이에
나프탈렌 향기를 가진 꽃이 숨어 있다

꽃배

장롱 구석에 잠이 든 꽃신 한 켤레
열두 폭 치마에 숨겨둔 붉은 연정
여자로 떠나고 싶었던 그녀의 꽃배

그늘진 담벼락에 기대 선 초라한 포장마차
십원짜리 풀빵 굽는 투박한 손등
그 위로 떨어지는 오십촉 백열전구 앞에서
뿌연 담배연기와 막걸리로 훈기와 수분을 더해
사내의 손바닥 안에 계절과 상관없이 매화 난초가 피는 동안
여자는 갈라진 발뒤꿈치 붉은 핏물로 꽃을 피웠다

시퍼런 바람이 꽃배를 흔들어대고
사내가 화투장 속에 시간을 담는 동안
의미를 잃은 계절들을 딛고 선 언 발
일 년 열두 달
남루한 버선 투박한 털신 속에 감춰둔
장롱 속 꽃신 여자의 시간에는
좀약 냄새 향기로 배어든 곰팡이꽃이 피었다

겨울바람 휘감아 두른
봄,

그 아픈 봄
장롱 속에서 숨을 멈춘 여자의 꽃배
뒤꿈치에 붉은 꽃 담고
재가 되어 바람 끝으로 날다

꽃, 울다

태양이 잠든 도로 위
적막을 두른 더운 바람이 무딘 날을 세우고
탱고의 리듬을 탄다
이따금씩 달리는 자동차의 경적소리가
멈춰진 시간 속에서 파장을 일으킨다
삐걱거리며 흩어지는 감정의 물살
창자 끝에서 밀려올라오는 기다림의 곱
바람의 날이 스치고 지나간 굴곡 안으로 몸을 감춘다

신호가 바뀌고
8차선 건너편 어둠 속에서 울리는
정갈한 트럼펫소리
보이지 않는 음색으로 부르는 화무십일홍
그리움의 정점
회갈색 줄기로 묶어두는 감정의 내력
초저녁 노을 삼킨 등걸이 꽃 꽃마다
붉은 울음 봉인하고
신호등의 허리를 껴안고 기어오른
흔들리는 꽃등

툭,
툭,

고개 떨구는 능소화

장맛비가 울고 있었다, 그 밤

사이버 사랑 I

네모난 모니터 앞에서 사랑 하나를 줍습니다

로그인 – 사랑 접속 중
클릭 – 사랑은 현재 진행형
이메일 – 사랑 확인서
대화 창 – 가면무도회
오류 – 사랑 우선멈춤 빨간불이네요
로그아웃 – 잠시 사랑을 닫아둡니다

모니터를 꺼 놓을 수 없습니다
잠시 닫아 둔 사랑을 잃어버릴까봐
바탕화면에 그 사람의 얼굴이 환하게 미소 짓고 있습니다
또 다시
로그인

불면

바람을 밟고 걸었다

서걱거리는 길 위
이따금 덜어내지 못한 순간의 이력들로
골목 깊숙한 곳의 어둠들마저 술렁이고 있다

닫히지 않는 눈꺼풀을 비집고 들어오는
메마른 일상들이 푸석거리는 만큼
별이 박힌 담벼락을 둔탁한 손끝으로 긁어대면
뜬 눈으로 잠든 날들이
의미를 잃어버린 낯선 텍스트가 되어 쌓인다

밤새,
붉은 눈 치켜뜨고 있던 가로등은 잠들고
낮빛 바꾸어 수면이 빠져나가는
골목의 부산함을 지붕 위로 끌어 올리는 새벽

떨쳐내지 못하는 표상들
그 틈에 끼여
차가운 하늘을 이고
내가 떠오르고 있다

봄

연립주택 옥탑 방 지붕 위에 날개 접은 비둘기 꾸룩꾸룩 울어대는 봄날
유기견 한 마리 슬금슬금 지하주차장 귀퉁이를 기웃거리는 한낮
길 건너 성당 꼭대기 종탑에 매달린 바람도 졸고 있는
손에 들려 있던 찻잔도 식어버린 지 오래다
골목이 내려다보이는 창가에 나른함으로 햇살,

봄은 어디서 또 길을 잃었나보다
갈 곳을 잃은 4월의 눈꽃
담장너머로 물기를 머금은 라일락 가지 마디마다 팔각의 눈꽃
겨울의 뒤꿈치를 따라나선다

봄이 울고 있다

사이버 사랑 ll

000님이 로그인 하셨습니다

모니터 안에서 활자가 톡톡 튀어나와 안기네요 얼굴을 본 적도 없지만 따뜻함이 느껴진대요. 정말일까요? 아바타가 그 사람이 웃는 것처럼 미소를 지어요 솜사탕처럼 달콤해요 차를 한 잔 건네네요 겁이 나요 우린 그저 잠들지 않고 꿈을 꾸는 네모상자 속의 사랑이잖아요

잠이 깨면 꿈도 사라지듯
로그아웃

5분 동안

톡
어깨 위로 빗방울 날다

여우가 시집을 가려나보다
이내
호두알이 되어 후두두

잠시 피해선 자리
빗줄기에 매달리는
마음 할퀴고 지나간 온갖 생각들

소낙비처럼 왔다가 멈추고
가시리 가시리 잇고
아프다
길지 않은 긴 5분

검은 구름 뒤에 숨어
빠끔히 고개 내민 햇살
신행 가는 여우비에
가시리 훙얼훙얼 딸려 보내고 돌아서

햇살과

빗방울을
어깨에 얹으며 걷다

시를 위한

#1

창문 아래로 바람이 둘러앉고 가로등이 기지개를 켜는 저녁 여자의 손은 건반을 만지면서

자리를 찾지 못한 음표의 허름한 일상과 천정에 매달린 사색의 몸부림을 모아둔다

소리가 죽은 자음과 모음 일상의 깊이보다 더 깊게 파고드는 손가락의 기교들 툭툭 떨어지는 텍스트의 비틀림 누군가의 시집을 펼쳐놓고 단어의 조합을 훑어내면서 그의 시선을 훔쳐내자 알몸이 되어가는 그가 속삭인다 생명을 얻은 거야, 들키지 않도록

그래, 여자의 손은 소리를 잃은 건반을 두드리고 때로는 시건방진 악보들을 보고 음악을 들었다 비트박스, 헤비메탈을 부르는 사람들이 몇 명쯤, 주변에서 음향을 정돈한다

텍스트에 자신을 숨겨놓은 사람들 종이냄새를 사랑하고, 일류의 날개 속으로 숨어드는 아류들, 진열대에서 정장을 빼입은 그가 당신을 기다린다

#2

상단이 그의 자리라고 박수갈채를 쏟아내며 눈길은 다른 곳을 두리번거리는 허술한 이중성 어쩌면 아류이기에 번쩍이는 광휘 그곳엔 시, 시들이 살아 있고 시인이

살아 있다 어깨를 으쓱거려 보이며 밤새도록 잠 잃고 서성이던 생각의 조각들 골목 안을 지나 그녀의 방에 이르면 구석 어딘가에 단어들이 죽어 있다 그녀의 손끝으로 녹아드는 향기들 쓸쓸하게 찢겨져 얼굴을 내미는 진달래, 초혼, 김소월

바람의 시간에 잘려 나가고 무거운 그녀의 머리, 어제 들은 음악도 잘려 나간다 뒹구는 낱말, 그 먼지 묻은 끈끈함을 그녀는 줍겠지

#3

창밖 가로등도 꺼지고 악보들을 읽기 위해 그녀가 잠시 혼자가 되려하면 종일 매달렸던 소란스런 일상이 몸을 뒤채지만 그녀의 손에 들려져 있는 종이향의 무게들, 바람 난 그녀의 치맛자락 속 숨겨진 사내들의 시대를 그녀는 읽고 있다.

몇몇의 아류들이 책장 안으로 사라진 뒤 밤새, 몸을 뒤틀며 자음과 모음 새벽을 깨우는 경적소리에 저 멀리 숨어버리는 일상의 일부, 시의 일부, 그녀의 텍스트들, 연주는 그렇게 어디론가 사라져간다

3부

앉은뱅이꽃

아궁이

눈이 없습니다

가부좌를 틀고 앉은 자리는 시골집 허름한 지붕 아래이거나 낮은 처마 밑입니다 마른장작을 삼키든지 검불을 삼키든지 온몸에서 열을 토해 내며 묵언수행을 할 뿐입니다 솔가지를 넣어주다가 이마를 검게 그을린 채 앉아 있는 속마음을 알았습니다 솔가지가 제 몸 태우며 반야심경을 외우며 수행을 합니다 나와 그는 어쩌다 마주치지만 가끔 재로 이마에 달마를 그려 넣기도 합니다 쇠목탁을 두드리며 천수경을 읊조리는 그가 솔가지의 사신공양을 받아들입니다

공처럼 몸을 말아 들여다보니 간섭무늬처럼 선들이 엉켜 있습니다 입언저리에 담겨진 선들의 숫자만큼 힘든 고행을 견뎌내고 얻은 깨달음 다시 가부좌를 틀고 앉아 입을 벌리고 코끝에 달려드는 바람마저 삼키며 수행을 합니다 법화경이 없어도 온몸으로 세상의 이치를 말해주듯 아궁이는 묵묵히 열반에 듭니다

숨, 죽이다

새벽 4시가 벽면에 달라붙어 있다

머리맡에 소리를 죽여 두었던 무, 선의 공간
불면을 덮고 누운 짧으며, 긴 순간을 들여다보며
폐까지 파고드는 심호흡을 한다
불안함을 끌어안고 알싸하게 느껴지는 통증

하루 종일 시끌벅적하던 먼 안부와 가까운 일상들 사이에서 기웃거리던 메시지는 여전히 숫자 1을 액세서리로 달고 있다

'읽지 않음'

헛헛한 웃음이 머리를 풀어헤쳤고 이름을 붙이지 못한 시간은 불행해져 간다
어둠 속에 묻혀 있는 바람이 귓속에 그리움에 관한 소음들로 이명증을 일으킨다
호흡을 잃은 채 웅얼거림으로 떠도는 '말'이라고 표현되는 수많은 단어들
남겨진 자음과 모음들을 목구멍으로 꾹꾹 밀어 넣으며
여전히 무음처리 중인 푸른 아침의 안녕을 손에 쥐고 벽지 속으로 스며드는 시간을 응시한다

〈

사랑한다 사랑한다
무한의 독백이 손 안에서 숨, 죽이다

해바라기 수선집

시장 좁은 골목 해바라기 수선집 아줌마는
오래 된 재봉틀 페달로 시간을 기운다
한 평 남짓한 골방에 한낮의 햇살을 걸쳐두고
고운 빛 색실로 한 땀 한 땀 옷단을 기우면
옷깃마다 스며드는 지난날의 동화
작업복 청바지에는 일상이 매달려 있기도 하고
낡은 가죽 재킷 호주머니에서 철지난 꿈이 떨어지기도 하고
빛바랜 분홍원피스에는 수줍음이 얼룩으로 남아 있기도 하다
선반 위에 쌓인 먼지처럼 묵은 사연을 담고 있는 옷가지들
또 다른 시간을 덧입을 준비를 하고 있다
가끔, 아줌마가 밟는 페달소리는 콧노래가 되어 어깨를 들썩이게 한다
뜨르르 음표가 되어 떨어지는 햇살들
유리문에 힘겹게 피어 있던 해바라기 꽃잎을 바람이 흔들고 지나간다
음악이 멈추고 어둠이 밀려들면
해진 구석을 덧기운 옷가지들은 선반 위에 나란히 자리를 잡고
꼬리표에 담겨진 이름들이 밤새 소근거린다

수선집 아줌마의 재봉틀은 오늘도 콧노래로 이어지고
수선물을 맡긴 사람들은
햇살의 따뜻함에 포옥 쌓인 채
해바라기 수선집의 유리문을 열고 닫는다

하늘 우체국 소인이 찍힌

님을 보내고 돌아서 온 그날
창틈 사이 숨어든 별빛을 따다가
우표 한 장 붙였다
길을 걷다가
바람우체부를 만나면 그리움 부치고 돌아서려고

발걸음이 무거워서 어제는
몇 블록을 채 가지 못했다 내 숨소리
님의 한숨 같아 달려드는 바람을
외투처럼 두르고 눈발 속을 지나간다
저 서글픔도 늙어 허리가 굽었다

노을빛 떨어질 때 님 잃고 돌아온 그날
나뭇잎처럼 사그락거리던
헐헐한 내 오후가 백년처럼 길었다
누군가 내 안에서 찌륵찌륵 울고 있다

새벽을 부르지만 새벽이
또 다른 새, 벽으로 다가선다
한 사람을 보내고
슬픔으로 피는 꽃들은 그래도 힘이 된다고
바람이 속삭이며 지나간다

길을 나선다 하늘 우체국 소인이 찍힌 내가

중환자실 앞에서

막막함이 내려앉고
긴 의자에 웅크린 어깨마다
무게가 쌓이고 있다.
근심은 이내 졸음이 되고
재깍거리는 시계바늘 소리
보호자 이름 부르는 소리
닫혀 있는 문을 쳐다보며
엇박자로 뛰는 맥박
이제는 다시 볼 수 없는 곳으로 갈라섬에
서로의 눈치를 살핀다
급히 내딛는 발자국 소리와
무겁게 여닫히는 문소리 사이에서
새벽의 찬 공기에
잔뜩 웅크린 몸뚱이들
면회시간까지는 아직 멀고
누군가의 보호자를 찾는 소리가 들린다
뒤이어 들리는 울음소리

어머니의 손을 놓을 준비를 해야 할지
중환자실 앞에서
낯선 사람들의 슬픔마저 내게는 칼날로 다가온다

저녁의 작업실

좁은 지하공장 작업대 앞에 저녁이 자리를 잡는다
바람이 기웃거린다
문턱을 밟고 떨어지는 마른 잎들
창문 틈새로 파고드는 어둠에
재봉틀 페달이 헐떡이고 있다
교회 첨탑 십자가 꼭대기에 별이 붙었다
찬송가 소리가 들린다
누구를 위한 기도일까?
작업실 천장에 매달린 형광등이 졸고 있다
잠시 호주머니에 손을 찔러 넣는다
기계 돌아가는 소리
꿈이 돌고 있다
연변에 두고 온 얼굴들,
지상으로 난 계단을 오르내린다

어느 날 밤

집으로 돌아오는 길에
가슴에 덜커덩 빗장 걸리는 소리
그 사내의 친절이 눈앞에 어른거린다
아무 말 없이 던진 눈빛이
간판 글자를 찬찬히 읽고 있다
사내의 시선은 고장 난 나침반이다
거리는 너나 없는 파라다이스,
킬힐의 굽만큼 휘청거리는 거리에서
쇼윈도우 마네킹이 졸고 있다
내 발걸음은 잠시 방향감각을 잃었다
끝을 알지 못하는 귀가길,
네온사인 불빛 뒤에 숨어 웃고 운다
파라다이스를 헤매던 사내는
이제야 불안한 눈빛으로
내 앞을 스쳐 뒤뚱뒤뚱 걷는다

앉은뱅이꽃

마른먼지 풀풀 이는 회색의 신작로를 지나
직립의 숲, 귀퉁이 시멘트 갈라진 틈 사이
빛의 봄, 바람에 흔들린다
아귀가 맞지 않은 톱니바퀴같이
자음과 모음들을 쏟아내는 허름한 일상
이아*의 심장처럼 타들어 간다
기억은 책장 속에 갇힌 채 매캐한 먼지를 마시며
허술한 연혁을 끄집어 내놓고
채워지지 않는 여백에 기다림을 쌓는다
돌아보지 않는 아티스*의 시,선
여전히 비워 있는 연혁의 칸들이
수 없이 밖으로 던져지고
어쩔 수 없는 먹먹함은
앉은뱅이꽃처럼
까치발 들어도 닿지 않는 폭
길바닥에 아무렇게나 주저앉아 바람과 키재기를 한다
한 포기 들꽃에도 기어이 되살아나는 빛의 봄
눈시울 홍건하게 뜨겁다

이아*의 울음 직립의 숲에 제비꽃, 자주색 별로 머물다

*아티스: 큐피트에게 사랑을 잊게 하는 납 화살을 맞은 청년.
*이아 : 큐피트에게 사랑의 불이 꺼지지 않는 황금화살을 맞은 처녀.

5번 아저씨

– 아버지에 대한 기억

손때 묻은 카메라
아버지의 모습을 담고 있다
렌즈 표면의 상처들은
아버지의 주름살일까?

공원을 배회하며
셔터를 한 번 누를 때마다
한 끼의 식량이 되고
한 잔의 막걸리가 되어주며
고된 일상을 밀어내던 카메라

셔터 누르는 소리를 들으면
나도 모르게 귀가 솔깃해진다.
5번 아저씨라 불리던 공원 사진사
얼큰한 취기에 콧노래 한 소절 남겨두고
노을로 진 지 오래다

장롱 속에 숨어 지내다
가끔 그리움으로 만나는
수동식 카메라, 아버지

수행 일지

무엇을 넣어주든
조건 없이 받아들이는 그를
자주 만날 수는 없습니다

낯설게 만난 그의 입 안에
청솔가지 긁어모아 놓고
지푸라기로 몸을 감은 알을 밀어 넣어줍니다

사다새의 부리처럼 알을 물고 있던 그가
제 몸만큼 뜨거워진 알들을 밖으로 뱉어냅니다
껍질을 벗겨내고 속살을 들여다보면
어릴 적 옷고름 풀어헤쳐 젖을 물리던
어머니의 뽀얀 젖무덤이 떠오릅니다

다시 가부좌를 틀고 앉아
그의 입 안에 던져 넣은 솔가지들과
또 몇 개의 반짝이는 알들이
몸으로 열반경을 외우며 수행을 시작합니다

그들의 모습이 열반에 드는 부처처럼 보입니다
법화경이 없어도
온몸으로 세상의 이치를 말해 주는 듯
아궁이에서 모락모락 감자가 익어갑니다

수인역, 철길은 슬프다

오후 두 시경, 철길은 슬프다
멀리서 들리는 간수의 호각소리
처마 끝을 아슬아슬 스치듯
열차는 동네 한가운데로 꽉 차게 들어오고
눈길조차 주지 않는 사람들의 일상이
화물칸에 힘겹게 매달린다

기차가 건널목을 지나는 동안에도
동네 안에서 개장국 끓이는 냄새가 진을 치고
철로에 남겨진 어릴 적 단상들로
슬프지는 않으리라
팔꿈치로 쓰윽 문지른 코끝에
저탄가루 묻히고 씨익- 웃던 아이들도
철교 너머 그곳에서 돌아오지 않는
후미진 곳으로 숨어버린 수인역

차마, 버리지 못할 시간의 막음
역 이름조차 희미해지고 어쩌다 들리는 호각소리에
굽은 철길 위로 기차가 사라지면
바람이 벽을 잡고 작은 파동을 일으킨다
눈앞에서 사라지는 열차의 끝자락이 슬프다

서리꽃

겨울을 하얗게 눌러쓴 서리꽃
유리창마다 매달려 있다
가시잎 사이로 달려드는 저 차가움!
눈이 오려나,
홀로 선 외등이 웅웅거리며
신음소리를 토해낸다
외등마저 흔들리는 골목 안에
별들이 눈가루로 쏟아진다.
담장마다 흰 보자기를 덮는다
창문을 흔드는 겨울바람
서리꽃, 또 한 송이 피기 시작한다

가상현실

모니터 안의 세상은 시끌벅적했다
수많은 문자들이 난투극을 벌인다
키보드 위에서 춤추는 손가락
그 안에는 소소한 일상도 있고
삼류소설보다 가벼운 사랑도 있다
블로그의 문패들은 화려했다
온갖 사랑시를 걸어두거나
아름다운 이미지로 치장하여
모니터 안은 마치 에덴동산이다
사이버 안에 진실이 있을까?
어느 프로필의 머리말에 적어둔 글귀

저마다 가면 하나씩을 뒤집어쓰고 있다
1분에 몇 타로 계산 되는 말들은 어디로 가 쌓이는지
모니터 앞에 앉으면 늘 궁금하다
로그아웃을 하면 시끌벅적한 소란은 사라지고
그 안이 궁금하여 또 다시 로그인
모니터의 세상 속에 얼굴 없는 얼굴이 된다
ucc, 블로그, 이메일, 메신저, 스팸메일까지
“사세요”를 외치며
또 다시 난장亂場의 천막을 펼쳐든다

가을 이야기

당신과 산에 오른다.
물감 풀어 놓은 듯한 산자락은 춤을 추고
시월의 끝자락에 매달린
억새풀 자태 포옥 감싸 안은 단풍

당신은 묵묵히 앞서 걷던 친구여서
숨 한번 몰아 쉴 때마다 눈빛을 건네 보지만
꺼내 놓을 수 없는 속마음
낙엽의 갈피갈피에 접어 넣는다

말없이 발걸음만 옮기다
시선 속으로 빨려 들어오는
가을날의 눈부신 햇빛
당신을 느낀 순간부터
입술 안으로 가만히 불러보는데
흔드는 바람 소리가 되어 묻히고
발끝에 잔돌 구르는 소리

배낭을 내리며 휘파람 부는 당신
기억을 담는 상자를 천천히 꺼내네
나를 향해 셔터를 누를 때
한껏 들켜버리고 싶었던 속마음, 설레임까지

시작과 끝도 없던 당신에게
아주 잠깐 우리는 닮은 생각을 하고 있다고 느끼는

그 가을날

황사

호흡을 잊은 채 마른 바다를 서성이는 습기
서늘함이 발목을 타고 오른다
해가 뜨는 것도 볼 수 없는 깊은 곳
누런 바람은 푸른 아가미를 들썩이게 한다
피부에 휘감기는 습기 스멀스멀 기어들어 혈액과 맞바꿈하고
나는 어느새 안개가 되어간다
수없는 물방울에 담겨져 있을 이야기들
눅눅함 속에 켜켜이 쌓인 화석들이 두런거리는 소리
수 천 만 년 전 맑은 하늘에서 시작되었을 이기와 무관심은
흙먼지 되어 안개 속을 비집고 떨어진다
축축해진 눈가 황색 눈물이 서로를 외면하게 한다.
발끝으로 튀어 오르는 물방울 숫자만 헤아린 채
숨소리조차 무겁게 느껴질 분주함에
황급히 흐트러지는 무리들 속에서 붙들고 있는 어눌한 헤아림
서 있던 자리를 찾지 못하고 갈팡질팡한다
빌딩의 바다 속으로 사라져가는 사람들
또 다시 바람이 일고
도시는 노란먼지 속에서 가쁜 숨을 몰아쉰다

화상

은빛휘장을 걷는다
뜨겁게 드러나는 속내

투박한 날들의 기억으로 시간을 굽고
노란 속살에 계절을 두른다

커피 한 잔

가방에서 물건들이 제 멋대로 삐져나온다
커피포트에 물이 끓어오르고 차 스푼으로 톡톡 유리잔을 부딪치면 음악소리
지루한 일상 커튼 사이로 바람이 기웃거린다

차가 떠난 뒤에도 낯선 곳의 이야기는
귓가에 떠돈다
아직 풀어 놓지 못한 짐들

커피는 식어 버린 지 오래다
유리잔 음악소리도 그쳤다
눈언저리에 머무는 습기
떠나지 못해서일까

방 안 깊숙이 가로등 불빛을 끌어당기는 창문
형광등 불빛과 맞물린다
골목 안을 채우는
오토바이 소리는 호흡마저 낚아채 달아난다
이른 겨울비가 내리고
또 다시 여행 가방을 만지작거리며 끌어안는다

형광등 불빛이 졸고 있다

■□ 해설

사막에서 쓰는 수행일지와 공존의 의지

서안나(시인, 문학평론가)

임주희 시인은 2006년《문학세계》로 등단 이후 각종 문학상을 수상하며 활발하게 시작 활동을 펼치고 있다. 임주희 시집『푸른 화형식』의 시적 개성은 이분법적 사고를 탈피하여 순환론적 세계관의 지향에 있다. 여행이라는 사건을 통해 시적 주체가 대면하는 장례와 죽음의 풍경은, 시적 주체가 새로운 인식의 계기와 변화의 동기로 기능하고 있다. 이때 임주희 시인의 시 세계의 미덕은 '불'이 지니는 질료적 상상력을 통해 타자와의 소통과 공감의 의지를 표방하고 있다. 바슐라르는 그의 저서『촛불의 미학』에서 "불의 불꽃 속에서는 모든 자연의 힘이 활동하고 있으며, 생명의 발생원이 불이다."라고 강조하고 있다.

임주희 시집에서 나타나는 불의 질료적 상상력 역시 사물의 외형에서 벗어나 인류 보편의 원형성으로 곧 타자와 소통하는 매개체로 작동하고 있다. "불"을 통해 이미지화하는 질료적 상상력은 곧 삶과 죽음이라는 이분법적 사고를 지양하고, 인간을 자연의 자리로 위치시키는 순환론적 세계관을 보여주고 있다. 또한, 임주희의 시집에서 불을 통해 드러나는 질료적 상상력은 나와 타자의 경계를 해체하고 주체의 자리에 타자를 들여놓아 타자와의 공감을 모색하는 시인의 시적 의지로 나타나고 있다. 이는 죽음과의 조우를 통해 나라는 주체의 균열을 통해 타자와의 소통과 공존을 시도하는 지점을 보여주는 임주희 시 세계의 시적 특징이라 할 수 있다.

1. 푸른 화형식과 불의 질료적 상상력

검은 밤을 붉게 물들이고 태양빛으로 색을 바꾸는 강가
욕망과 타락의 지옥 끝에 던져진 병든 영혼의 몸뚱아리를 구정물에 헹구어내고 구원이라 믿으며 또 다시 수행자의 가면을 쓴 채 맨발로 걷는다
더럽고 비좁은 골목길
비쩍 말라비틀어진 굽은 등을 가진 개들과 사람보다 위의 계급을 갖고 커다란 눈을 희번덕거리며 어슬렁거리는 소 떼 어린아이를 안은 채 당연하게 구걸하는 여인, 혼탁한 새벽을 두르고 앉아 꽃을 파는 노인, 람람샤드야헤*를 외치며 화장터로 오르는 상주들
낡은 오토릭샤가 눌러대는 경적소리에 흔들리는 바라나시

신,
사람,
동물이 강으로 통하는 골목 안에 공존하며
부산스러운 소음으로 채워지는 시,간,들

아비규환 속에서 이루어지는 무언의 질서
목구멍 가득 흙먼지를 채우고 선 걸음은 갈 곳을 잃었다

지옥이며 천국인 땅

레테의 연가를 집어삼킨 갠지스강 마니까르니까 가트**
밤새 뼈를 태우고도 꺼지지 못한
장작더미 위에 던져진 젊은 여자의 녹아 흩어지는 검은 머리카락 위에 핀
붉은 꽃

꽃이다

–「푸른 화형식 – 바라나시 갠지스강에서」 부분

시집의 표제시인 「푸른 화형식」은 인도 바라나시 갠지스강의 화장터인 마니카르니카 가트(Manikarnika Ghat)를 배경으로 삼고 있다. 마니카르니카 가트(Manikarnika Ghat)는 인도의 가트 중에서도 지명도가 높은 곳으

로 수백만 명이 찾아드는 곳이다. 마니카르니카 가트(Manikarnika Ghat)가 유명한 이유는 화장장이 거행되는 동시에 인도인들이 목욕하는 삶과 죽음이 혼재된 독특한 곳이다. 인도의 힌두교도들은 시신을 화장하여 갠지즈강에 재를 뿌리면 죽은 자가 해탈할 수 있다는 굳은 믿음을 지니고 있기에, 갠지즈강 가트에서 화장을 하는 것을 축복으로 여긴다.

가트에서 시신을 화장하는 데는 주로 잘 마른 망고나무가 사용된다. 시신을 모시는 상주는 머리를 깎은 후에 강물에 목욕하고, 시신을 갠지즈 강물에 적시 후에 미리 쌓아 올린 망고나무로 모신다. 가트의 불씨를 보관하는 아그니에서 짚에 불을 붙여 시신이 놓인 망고나무 더미에 불을 놓는다. 인간의 몸이 불, 물, 바람, 흙, 공기로 이루어져 있기에 그들은 불타는 시신 주위를 돌면서 죽은 자가 해탈하기를 기원한다. 장례가 시작된 후 약 세 시간이 지나면 상주들은 시신을 태운 재를 갠지즈강으로 흘려보낸다. 이와 같이 인도인에게 갠지즈강은 해탈이 약속을 증거하는 신성한 곳이기에, 화장장례식을 행하고 산 자들은 목욕을 하며 신의 축복을 기원한다.

작품에서 갠지즈강의 가트 주변과 화장장의 풍경이 영상처럼 펼쳐지고 있다. 일상에서 삶과 죽음의 공간이 확연하게 구별되는 반면, 바라나시의 갠지즈강은 삶과 죽음의 풍경이 혼재한 공간으로 삶과 죽음이 짝패처럼 공존하고 있다. 시적 주체의 시선은 갠지즈 강변 골목의 비극적인 삶의 풍경과 화장장이 거행되는 가트의 기묘한 광경을 파노라마적으로 이동하고 있다. 시의 중반부까지 시적 주체의 시선은 다소 부정적으로 드러나고 있다. 나에게 가트 주변의 풍경은 "신,/사람,/동물이 강으로 통하는 골목 안에 공존 하"고 있어서 "부산스러운 소음"이 "채워지는 시,간"이며, "아비규환" 같은 풍경일 뿐이다. 그곳에서 나는 순간적으로 "걸음은 갈 곳을 잃었다"라며 진술하고 있다. 이때 시적 주체의 길 잃음은 곧 기존의 이분법적 인식체계가 균열하는 시적 주체의 내면 풍경이라 할 수 있다.

그러나 시의 후반부의 마지막 행에서 시적 주체의 인식태도의 변화가 감지되고 있다. 시적 주체의 시선이 "밤새 뼈를 태우고도 꺼지지 못한/장작더미 위에 던져진 젊은 여자의 녹아 흩어지는 검은 머리카락 위에 핀/붉은 꽃"에 멈추면서 시신을 태우던 "불"이 인간의 형상을 와해시켜 재로 만드는 소멸이 아닌 "붉은 꽃"이라는 생성의 이미지로 확장되고 있기 때문이다. 시의 제목에서도 알 수 있듯, "화형식"이 인간의 육체가 소멸하는 지점이라면, "푸른"이라는 형용사는 소멸의 대척점에 위치한 탄생의 속성을 내포하고 있다. 즉 "푸른 화형식"이라는 폭력적인 시어의 결합을 통해 "화형식"은 소멸이 아닌 새로운 생명 탄생을 관장하는 의식으로 전환하고 있다. 따라서 임주희의 시 세계에서 소멸을 넘어서서 새로운 생명으로 나아가는 "불"을 통해 이분법적 인식체계를 탈피하는 질료적 상상력을 선보이고 있음을 알 수 있다. 삶과 죽음의 혼재된 갠지즈강의 풍경에서 불의 질료적 상상력을 통해 생성의 지점으로 나아가는 시인의 시적 의지는 "아궁이"의 불길을 통해서 더욱 확장되고 있음을 알 수 있다.

눈이 없습니다

가부좌를 틀고 앉은 자리는 시골집 허름한 지붕 아래이거나 낮은 처마 밑입니다 마른장작을 삼키든지 검불을 삼키든지 온몸에서 열을 토해 내며 묵언수행을 할 뿐입니다 솔가지를 넣어주다가 이마를 검게 그을린 채 앉아 있는 속마음을 알았습니다 솔가지가 제 몸 태우며 반야심경을 외우며 수행을 합니다 나와 그는 어쩌다 마주치지만 가끔 재로 이마에 달마를 그려 넣기도 합니다 쇠목탁을 두드리며 천수경을 읊조리는 그가 솔가지의 사신공양을 받아들입니다

공처럼 몸을 말아 들여다보니 간섭무늬처럼 선들이 엉켜 있습니다 입언저리에 담겨진 선들의 숫자만큼 힘든 고행을 견뎌내고 얻은 깨달음 다시 가부좌를 틀고 앉아 입을 벌리고 코끝에 달려드는 바람마저 삼키며 수행을 합니다 법화경이 없어도 온몸으로 세상의 이치를 말해 주듯 아궁이는 묵묵히 열반에 듭니다

—「아궁이」 전문

갠지즈강 가트에서 이루어지는 화장장의 "불꽃"의 생성적 이미지가 시공간을 초월하여 "아궁이"의 불길에서 더욱 강력하게 환기되고 있다. 작품에 등장하는 "아궁이"의 불길을 마주하는 시적 주체의 태도에서 삶과 죽음에 관한 깊은 사유가 내장되어 있음을 알 수 있다. 시적 주체가 바라보는 "아궁이"는 "눈이 없다." 온몸이 입이고 눈이고 귀이고 코인 셈이다. 그리고 아궁이가 자리한 곳 역시 "시골집 허름한 지붕 아래이거나 낮은 처마 밑"이다. 낮은 곳에 위치한 아궁이는 사물을 불태워 사물의 형태를 무너뜨리고 재로 만드는 소멸의 징표이기도 하다. 하지만 시에서 아궁이는 단순히 모든 사물의 형태를 소멸과 변형시키는 것으로만 기능하고 있지는 않다. "마른 장작", "검불", "솔가지" 등이 사신 공양하듯 아궁이에서 불타올라 재로 변하고 있지만, 시적 주체는 아궁이 불길에서 불이 지닌 질료의 생성적 전환의 힘에 주목하고 있다. 아궁이는 "묵언수행"하는 수행자처럼 소멸의 힘을 생성의 힘으로 역전시키는 힘을 지닌 대상으로 확장하고 있다. 즉 시인은 작품에서 "아궁이"의 불을 통해 사물의 형상 이전의 질료적 에너지의 생성 지점을 포착하고 있다. "아궁이"의 불길은 삶과 죽음이란 이분법적 사유의 탈피를 통해 인간과 자연이 공존하는 의지를 지향하고 있다. 임주희 시 세계에서 아궁이는 새로운 에너지를 생성하고 변형하는 생명창출의 확장된 공간이라 할 수 있다.

이때 내가 아궁이를 들여다보는 방식 또한 주목할 만하다. 내가 "공처럼 몸을 말아 들여다" 볼 때 비로소 아궁이에 남은 간섭무늬 또한 발견할 수 있다. 사물이 불타면서 진동과 파동의 에너지의 부딪힘으로 남은 간섭무늬는 곧 탄생과 소멸의 곧 둘이 아니라는 불이사상을 드러낸다고 할 수 있다. 이때 아궁이 안쪽의 간섭무늬를 발견하는 시적 주체의 시선은 아궁이와 같은 높이에 있을 때 비로소 아궁이의 생명창조의 힘의 정면을 볼 수 있기 때문이다. 즉, 아궁이 안쪽을 들여다본다는 것은 소멸의 광경을 목도하는 것인 동시에 새로운 생명 창조가 공존하는 장면을 관조하는 행위이기도 하다.

시적 주체가 아궁이에 나뭇가지와 짚 등을 불태우는 행위는, 인도의 화장터에서 목격한 부모의 시신을 불태우며 장례를 주도하는 상주와 행위와 다름없다. 공처럼 몸을 둥글게 하여 아궁이의 안쪽을 바라보는 태도 역시 나 또한 새의 알처럼 둥글어지며 시원을 향해 정진하는 수행의 의지를 동반하고 있다. 이런 시적 태도의 행위는 아궁이에서 불타는 것들과의 대면을 통해 소멸과 생성의 순환 고리를 인식하여 나라는 존재 역시 사물과 함께 불타올라 생명의 기원으로 도약하는 것이다. 나를 낮추어 타자와 함께 공존하고 소통하려는 시적 주체의 의지는 곧 불의 질료적 상상력을 매개로 이루어지고 있음을 알 수 있다.

무엇을 넣어주든
조건 없이 받아들이는 그를
자주 만날 수는 없습니다

낯설게 만난 그의 입 안에
청솔가지 긁어모아 놓고
지푸라기로 몸을 감은 알을 밀어 넣어줍니다

사다새의 부리처럼 알을 물고 있던 그가
제 몸만큼 뜨거워진 알들을 밖으로 뱉어냅니다
껍질을 벗겨내고 속살을 들여다보면
어릴 적 옷고름 풀어헤쳐 젖을 물리던
어머니의 뽀얀 젖무덤이 떠오릅니다

다시 가부좌를 틀고 앉아
그의 입 안에 던져 넣은 솔가지들과
또 몇 개의 반짝이는 알들이
몸으로 열반경을 외우며 수행을 시작합니다

그들의 모습이 열반에 드는 부처처럼 보입니다
법화경이 없어도
온몸으로 세상의 이치를 말해 주는 듯
아궁이에서 모락모락 감자가 익어갑니다

—「수행 일지」 전문

은빛휘장을 걷는다
뜨겁게 드러나는 속내

투박한 날들의 기억으로 시간을 굽고
노란 속살에 계절을 두른다

–「화상」 전문

「수행 일지」에서도 알 수 있듯, 아궁이는 자연 사물을 불태우기도 하지만, 감자 등을 따스하게 구워 어머니의 젖무덤처럼 다른 것들에게 새 생명력을 주는 존재로 거듭나고 있다. 시적 주체는 마치 인도 갠지즈강의 화장터처럼 불길이 치솟아 오르고 무언가를 끓이고 익히고 방을 데워주는 아궁이의 불길에서 온몸으로 세상의 이치를 깨닫는 것이며 해탈의 고투를 발견하고 있다. 아궁이의 불길은 곧 가트에서 화장장을 통해 발견되는 수행일지와도 같다. 고행을 견뎌내며 깨달음을 얻는 열반의 반열에 드는 행위와 다름이 없기 때문이다. 인도의 갠지즈강 가트가 화장장을 통해 삶과 죽음의 경계를 무화한다면, 시적 주체에게 아궁이의 불길과 익어가는 감자 등의 풍경은 인도 갠지즈강의 화장의 의식 행위와 무관하지 않다.

이때 인도 갠지즈강의 화장장과 아궁이의 공통점은 바로 불에 있으며, 불은 곧 형상을 무너뜨려 자연의 몸에 다가가는 것. 질료료 환원하는 수행일지이며 순환론적 세계관을 표상하는 매개라 할 수 있다. 이때 불은 하나의 대상을 파괴하고 소멸에 이르게 하는 것이 아니라 새롭게 태어나는 생성의 동인으로 작동하고 있다. 불의 생성력과 더 나아가 어머니의 몸인 자궁처럼 새로운 생명력의 불길로 확장되고 있다. 불의 질료적 상상력을 매개로 어머니의 몸처럼 생명 탄생의 우주적인 순환론적 세계관으로 확장되는 과정을 보여주고 있다. 「화상」에서도 "화상"은 존재의 소멸이 아닌 새로운 계절의 속살에 채워주는 생성의 동기가 되는 것이다.

2. 사막에서의 수행일지

임주희 시집의 특징은 길 위의 여정을 다룬 여행시를 다수 선보이고 있다는 점이다. 임주희 시 세계에서 여행, 곧 길 떠남은 삶과 죽음이라는 이분법적 사유를 균열시키는 인식 전환의 계기를 마련하고 있다는 점에서 기행시로서의 품위를 더하고 있다. 임주희 시 세계에서 여행은 인식의 변화 계기와 내면 풍경 발견의 출발점이 되고 있다. 시에서 여행의 여정은 삶과 죽음이란 이분법적 사유를 탈피하는 시도의 여정이라 할 수 있다. 마이너리티의 존재에 집중하고 부각함으로써 여행은 타자와의 소통방식의 해결 실마리를 모색하는 수행 의지이며 침묵의 묵언이라 할 수 있다. 여행이 자신의 고통과 화해하고 관조하는 동인으로 작동하여 타자와 합일하여 소통하는 순환론적 세계관으로 나아가는 점이 바로 임주희 시집의 개성과 미덕이라 할 수 있다.

그렇다면 시적 주체는 왜 수행과도 같은 사막의 여정과 인도 여행을 감행하였는가? 이는 아마도 어머니와 아버지의 죽음이 주는 고통과 맞대면하여 화해를 시도하는 시적 주체의 의지의 발현일 것이다.

> 막막함이 내려앉고/긴 의자에 웅크린 어깨마다/무게가 쌓이고 있다./근심은 이내 졸음이 되고/재깍거리는 시계바늘 소리/보호자 이름 부르는 소리/닫혀 있는 문을 쳐다보며/엇박자로 뛰는 맥박/이제는 다시 볼 수 없는 곳으로 갈라섬에/서로의 눈치를 살핀다/급히 내딛는 발자국 소리와/무겁게 여닫히는 문소리 사이에서/새벽의 찬 공기에/잔뜩 웅크린 몸뚱이들/면회시간까지는 아직 멀고/누군가의 보호자를 찾는 소리가 들린다/뒤이어 들리는 울음소리//어머니의 손을 놓을 준비를 해야 할지/중환자실 앞에서/낯선 사람들의 슬픔마저 내게는 칼날로 다가온다
>
> –「중환자실 앞에서」전문

> 노을빛 떨어질 때 님 잃고 돌아온 그날/나뭇잎처럼 사그락거리던/헐헐한 내 오후가 백년처럼 길

었다 /누군가 내 안에서 찌륵찌륵 울고 있다//새벽을 부르지만 새벽이/또 다른 새, 벽으로 다가선다/한 사람을 보내고/슬픔으로 피는 꽃들은 그래도 힘이 된다고/바람이 속삭이며 지나간다/길을 나선다 하늘 우체국 소인이 찍힌 내가

–「하늘 우체국 소인이 찍힌」 부분

손때 묻은 카메라/아버지의 모습을 담고 있다/렌즈 표면의 상처들은/아버지의 주름살일까?//공원을 배회하며/셔터를 한 번 누를 때마다/한 끼의 식량이 되고/한 잔의 막걸리가 되어주며/고된 일상을 밀어내던 카메라//셔터 누르는 소리를 들으면/나도 모르게 귀가 솔깃해진다./5번 아저씨라 불리던 공원 사진사/얼큰한 취기에 콧노래 한 소절 남겨두고/노을로 진 지 오래다//장롱 속에 숨어 지내다/가끔 그리움으로 만나는/수동식 카메라, 아버지

–「5번 아저씨, – 아버지에 대한 기억」 전문

「중환자실 앞에서」와 「하늘 우체국 소인이 찍힌」, 「5번 아저씨, – 아버지에 대한 기억」에서는 시적 주체의 진술에서 세 편의 작품 모두 부모의 죽음과 그로 인한 비애와 고통의 심적 정황을 그리고 있음을 알 수 있다. 「중환자실 앞에서」는 어머니의 죽음을 예감하는 "중환자실 앞에서/낯선 사람들의 슬픔마저 내게는 칼날로 다가"오는 체험

을 하고 있다. 시적 주체는 어머니의 임종을 맞을 수도 있는 비극적 상황에서 타자의 슬픔과 고통을 온몸으로 감각하는 체험을 하고 있다. 타자의 고통과 감정적인 교류에서 "내 오후가 백년처럼 길었다/누군가 내 안에서 찌륵찌륵 울고 있다"(「하늘 우체국 소인이 찍힌」)라는 진술에서 잘 드러나고 있다. 어머니의 죽음 앞에서 백 년처럼 긴 고통스러운 오후를 경험하는 나는 "내 안에서" "찌륵찌륵 우는", 온몸으로 감각하는 타자의 고통은 곧 주체와 타자의 자리바꿈인 동시에 타자의 주체화라고도 할 수 있다. 타자의 고통을 자신의 몸으로 들여놓는 자리바꿈은 타자와의 감정의 교환과 교류를 통해 주체의 고통을 감각적으로 보여주고 있다. 이때 주체가 감각하는 타자의 고통은 곧 소통과 공감의 의지로 확대되어 일상에서도 주변으로 확장되기에 이른다.

「5번 아저씨, – 아버지에 대한 기억」에서도 아버지의 유품인 카메라 렌즈의 흠집에서 아버지의 고단했던 삶을 이해하고 공감하고 있다. 이러한 타자와의 감정적 교류와 공감은 나와 일면식이 없는 타자들에게도 수혜 되고 있다.

> 한껏 무거워진 걸음을 위로해 줄 그 무엇도 없는 곳
>
> 이카루스의 날개가 부서지며 붉게 물드는 능선바람도 없다

어디서부터 왔는지 알 수 없는 욕망의 찌꺼기들은 덤불인 듯 뒹굴고
낙타의 등 위에서 흔들리는 일탈은 독을 숨긴 뱀의 혀처럼 부드럽다

—「낙타 유랑, 푸쉬가르 사막에서」 부분

왕가 여인의 전신을 두른 사리 속에 숨겨진
금지된 것들에 대한 동경
문틈 사이로 들어오는 작은 바람 치맛자락 휘감고
낡은 도시 안으로 사라져버린 웃음소리
시간을 꾹꾹 누르고 선 릭샤왈라
시커먼 발가락 사이에 달라붙은 고단한 일상

떠나온 자들이 두고 온 것들에 대한
버리고
비워야 할
갇혀진 세월을 잠들게 한 붉은 벽

여행자의 발끝에 매달린 채 안간힘을 쓰는 전쟁 같은 평화는
지친 걸음마저 오롯이 사치로 만든다
짙푸른 일상, 훅— 몰아쉬는 숨

기억을 뒤로한 채 바람과 소음을 흡입하며 서 있는
외벽 낯선 바람 한 점

어느새
동공을 흔드는 색깔을 입었다

– 「하와마할 (Hawa Mahal)」 부분

시적 주체와 타자와의 소통과 공감은 곧 주변의 작고 소박한 것들의 아픔에 눈이 가게 한다. 사막을 통과하여 도착한 인도의 하와마할 (Hawa Mahal) 왕궁에서 시적 주체는 커다란 감옥과 같은 왕궁에서 갇혀 지내야만 했던 여성의 고단한 삶과 온몸으로 소통하고 있다. 왕궁의 여인들이 도시를 구경할 수 있도록 만들어진 독특한 구조의 와하마할 궁전을 거닐며 자신이 떠나온 세계를 동경하는 여성의 아픔을 날카롭게 포착하는 시적 주체의 태도는 시집 2부의 용궁다방 여인들의 슬픔을 포착하는 점에서도 유효하다. 시적 주체는 현실을 벗어나 여행지에서 낯선 풍경으로 현실의 비극성을 극복하려 하지만 오히려 여행지에서 더욱 강력한 절망적 경험을 뚜렷하게 감각하고 있으며 이는 곧 소통의 계기로 작동하고 있다. 이러한 지점이 여타의 기행시에서는 볼 수 없는 임주희 시 세계가 지니는 특징이라 할 수 있다.

3. 타자와의 소통과 공생의 의지

시적 주체가 사막을 횡단하는 여정과 갠지즈강의 화장

터에서 맞닥뜨린 화장의식에서 집중하는 것은 바로 마이너리티의 삶이다. 아궁이처럼 낮고 낮은 곳에 자리한 소박하고 비천한 삶에서 시적 주체는 그것들이 지닌 힘에 집중하고 있다. 이는 시적 주체가 현실의 일상에 좌절하고 함몰하는 것이 아니라 새로운 세계로 도약하는 시 세계의 지향성을 드러내는 태도라 할 수 있다.

좁은 지하공장 작업대 앞에 저녁이 자리를 잡는다
바람이 기웃거린다
문턱을 밟고 떨어지는 마른 잎들
창문 틈새로 파고드는 어둠에
재봉틀 페달이 헐떡이고 있다
교회 첨탑 십자가 꼭대기에 별이 붙었다
찬송가 소리가 들린다
누구를 위한 기도일까?
작업실 천장에 매달린 형광등이 졸고 있다
잠시 호주머니에 손을 찔러 넣는다
기계 돌아가는 소리
꿈이 돌고 있다
연변에 두고 온 얼굴들,
지상으로 난 계단을 오르내린다

–「저녁의 작업실」 전문

시장 좁은 골목 해바라기 수선집 아줌마는
오래 된 재봉틀 페달로 시간을 기운다

한 평 남짓한 골방에 한낮의 햇살을 걸쳐두고
고운 빛 색실로 한 땀 한 땀 옷단을 기우면
옷깃마다 스며드는 지난날의 동화
작업복 청바지에는 일상이 매달려 있기도 하고
낡은 가죽 재킷 호주머니에서 철지난 꿈이 떨어지기도 하고
빛바랜 분홍원피스에는 수줍음이 얼룩으로 남아 있기도 하다
선반 위에 쌓인 먼지처럼 묵은 사연을 담고 있는 옷가지들
또 다른 시간을 덧입을 준비를 하고 있다
가끔, 아줌마가 밟는 페달소리는 콧노래가 되어 어깨를 들썩이게 한다
뜨르르 음표가 되어 떨어지는 햇살들
유리문에 힘겹게 피어 있던 해바라기 꽃잎을 바람이 흔들고 지나간다
음악이 멈추고 어둠이 밀려들면
해진 구석을 덧기운 옷가지들은 선반 위에 나란히 자리를 잡고
꼬리표에 담겨진 이름들이 밤새 소근거린다
수선집 아줌마의 재봉틀은 오늘도 콧노래로 이어지고
수선물을 맡긴 사람들은
햇살의 따뜻함에 포옥 쌓인 채
해바라기 수선집의 유리문을 열고 닫는다

–「해바라기 수선집」 전문

「작업실 저녁」과 「해바라기 수선집」을 살펴보면 지하 공장 작업실과 시장 작은 골목에 위치한 수선집이 그 배경을 이루고 있다. 두 시의 공통점은 모두 경제적으로 궁핍한 마이너리티의 삶에 주목하고 있다는 점이다. 「작업실 저녁」에서는 연변에서 온 이주노동자의 고단한 삶이 나타나 있다. 그리고 「해바라기 수선집」에서는 변두리의 조그만 수선집에서 낡고 해진 옷을 수선하는 삶을 개성적인 묘사를 통해 보여주고 있다. 두 작품에서 나타나는 "그녀"들은 힘겨운 일상에서도 꿈과 희망을 포기하지 않고 있는 인물들이다.

특히, 「해바라기 수선집」에서 수선집에 맡겨진 옷은 모두 낡거나 해진 옷이다. 옷을 통해 드러나는 도시인들의 일상과 아픔이 고스란히 묻어있는 대상이다. 수선집 아주머니는 낡은 옷에 묻어있는 삶의 목록을 읽고 있다. 그리고 고통의 수사로 얼룩진 옷을 수선하고 있다. 수선의 과정은 낡고 해진 곳을 덧대고 상처 난 삶을 어루만져주는 손길로 채워지고 있다. 수선집 주인의 수선 행위는 버려질 낡은 옷을 "고운 빛 색실로 한 땀 한 땀 옷단을 기"워서 폐기될 소멸의 존재를 다시 생성의 힘으로 전환하는 행위라고 할 수 있다.

즉 수선집은 버려질 옷이 새로 태어나는 아궁이와 같은 속성의 공간이다. 수선의 행위가 의미를 지니는 점은 고단한 삶을 사는 존재들의 삶의 이력이 기록된 옷감들이 서로를 위안하는 상징성에 있다. 수선집은 어머니의 자궁과 같은 공간으로, 삶과 죽음의 경계가 압축된 곳이기에 낡은 옷들은 새로운 삶으로 재생하고 있다. 이러한 수선의 과정은 앞의 시 아궁이의 불길의 생성력을 다시 소환하게 한다. 덧대고 덧대어지는 옷감은 마치 서로가 한 몸이 되어 새로운 삶으로 나아가는 생명의 장이며 화합의 장이 되고 있다.

이와 같이 임주희 시집에서는 여행지에서 교감하는 왕궁의 여성, 용궁다방 여인, 이주노동자, 앉은뱅이꽃, 수선집 주인 등의 지난한 삶과 고통을 질료적 상상력을 통해 타자와 소통하려는 공존 의지를 선명하게 구현하고 있다. 이러한 공존의 의지는 곧 "들꽃에도 기어이 되살아나는 빛의 봄"(「앉은뱅이꽃」)의 순환론적 세계관을 바탕으로 하고 있기에 더욱 값지다. 임주희 시집에서 드러나는 개성은 주체와 타자의 자리바꿈에서 삶과 죽음이라는 이분법적 세계관에서 탈피하여 자연과 인간이 함께하는 순환론적 세계관을 지향하는 공존의 미학에 있다.